von Aleh Nahorny

Drei Geheimnisse der Hellsichtigkeit

und

neun

Fokusvorführungen

von mentaler Magie

Praktische Anleitung für Einsteiger

Inhal

Vorwort des Autors

Bist du neugierig, wie erfolgreiche Hellseher funktionieren? Willst du die hellseherischen Fähigkeiten selbst in Besitz nehmen? Würdest du gerne einen neuen Vertrauten mit einer genauen persönlichen Beschreibung verzaubern und einen mystischen Heiligenschein des Geheimnisvollen um dich herum kreieren?

Ich habe viele Jahre als praktischer Berater für unkonventionelle Religiosität gearbeitet. Und ich habe gute Arbeit geleistet, um die Hinter-den-Kulissen-Seite der Aktivitäten von Hellsehern zu recherchieren. Ihre Schwindel basieren oft auf den gleichen Techniken, die von Bühnenillusionisten verwendet werden, die im Genre der mentalen Magie arbeiten. Also wurde ich Mentalist.

Ich werde in dieser Broschüre drei grundlegende Techniken vorstellen, die für verschiedene Weissagungen und psychische

Lesungen verwendet werden. Und zum Schluss werde ich die Geheimnisse einiger Verfahren im Genre des Mentalismus enthüllen, damit der Leser seine Freunde und Bekannten mit psychischen Wundern unterhalten kann.

Es ist erwähnenswert, dass nicht alle Wahrsage und Hellseher bewusste Betrüger sind. Viele übernehmen unbewusst die Methoden, eine mystische Gabe nachzuahmen. Sie lernen sie intuitiv von ihren Lehrern.Oder sie befolgen die Regeln dieser oder jener Wahrsagemethode, ohne zu erkennen, dass sie auf kognitiven Verzerrungen beruht.

Ray Hyman, Psychologieprofessor an der University of Oregon und ehemaliger Mentalist, gibt zu: *"Ich habe in meiner Jugend angefangen, an der Hand zu raten, in der Hoffnung, dass dies mir helfen würde, meine finanzielle Situation zu verbessern. Damals habe ich überhaupt nicht an Handlesen geglaubt. Aber ich wusste, dass ich mich so verhalten musste, dass es niemand erraten würde: sonst würde niemand meine "Dienste" kaufen. Einige Jahre vergingen und ich glaubte fest an mein Handwerk. Eines Tages schlug der verstorbene Stanley Jacks, ein professioneller Psychologe und eine*

Person, die ich respektiere, vor, dass ich ein Experiment durchführen solle: Meine Vorhersagen sollten diametral dem widersprechen, was ich auf meiner Hand "lese". Genau das habe ich bei mehreren Kunden gemacht. Zu meiner Überraschung und meinem Entsetzen waren meine Vorhersagen so genau wie immer. Damals begann ich mich für jene mächtigen Kräfte zu interessieren, die nicht nur uns, sondern auch unsere Kunden von der Existenz von etwas überzeugen, das nicht wirklich existiert". (Es wird von David Myers in seinem berühmten Lehrbuch Social Psychology (eng.) zitiert.) Einige mystische Verkäufer können also ziemlich aufrichtig davon überzeugt sein, dass ihre Methode funktioniert, weil sie regelmäßig positive Reaktionen von Kunden sehen.

Und noch eine Anmerkung. Deutsch ist nicht meine Muttersprache. Daher entschuldige ich mich beim deutschsprachigen Leser für die sprachliche Unvollkommenheit dieses Textes.

Hellsehen

Methode 1. Heißes Lesen

Die Etikette empfiehlt, zuerst kalte Vorspeisen und dann warme Gerichte zu servieren. Wir gehen in umgekehrter Reihenfolge vor.

Wie heiße Gericht erfordert die heiße Lesemethode mehr Vorbereitung. Es liegt in der Tatsache, dass der Hellseher und seine Assistenten bereits vor dem Treffen mit dem Kunden Informationen über den Besucher über verschiedene verfügbare Kanäle sammeln. Und während der Treffens wird der Fall so präsentiert, als hätte das Medium gerade Zugang zu dieser Information aus einer mystischen Quelle erhalten.

Spiritisten besuchten im 19. Jahrhundert die städtischen Friedhöfe, um Informationen über die Toten zu studieren. Sie interessierten sich besonders für frische Gräber. Das ist logisch: Von den Angehörigen der kürzlich Verstorbenen ist mehr Interesse an ihrem Handwerk zu erwarten. Darüber hinaus verfolgten Spiritisten die Nachrufe in der lokalen Presse.

Wenn Ihr Gedächtnis versagt, kein Problem. Du könntest einen Spickzettel machen. So wurden nach dem Tod des Mediums Gedichtsammlungen gefunden, von denen einige Seiten ausgeschnitten und an ihrer Stelle Informationen über die örtlichen Toten eingefügt wurden. Als ein Verwandter des Verstorbenen zu ihm kam, fand der Spiritist einen Grund, ein Gedicht zu zitieren und soll dafür ein Buch genommen haben. In der Tat erzählte er das Gedicht auswendig. Und an diesem Punkt las er von dem Toten in einem Hinweis, den er in dem Buch versteckt hatte.

Und im späten 19. und frühen 20. Jahrhundert konsolidierten Spiritisten ihr Wissen über potenzielle Kunden im Blauen Buch. Ein solches Buch wurde für jeden Ort zusammengestellt, der regelmäßig von Mitgliedern der geheimen Vereinigung von Spiritisten besucht wird. Und jedes Mitglied des Vereins konnte die darin enthaltenen Informationen verwenden. Fügen Sie auch neue Informationen hinzu.

Im Zeitalter der modernen Technologie und des Internets ist das Sammeln persönlicher Informationen über Kunden noch einfacher geworden. Der typischste Fall. Wenn ein Klient anruft, um eine Hellseher Beratung zu vereinbaren, hinterlässt er zumindest seine Telefonnummer und seinen Namen. Sehr oft reicht dies aus, um die Social-Media-Konten des Kunden zu erkunden. Sie können auch online nach Anzeigen suchen, die sich auf den Namen und die Telefonnummer des Kunden beziehen. In einigen Ländern, in denen Mobilfunkbetreiber Passdaten sammeln, landen ihre Kundenstämme auf dem Schwarzmarkt, von wo aus sie in die Hände mystischer Betrüger fallen.

Kunden selbst sind eine weitere langjährige Informationsquelle für heißes Lesen. Sie posten nicht nur viele Informationen über ihre Verwandten und Bekannten bei den Sitzungen, sie machen ihnen auch Werbung für ihre Hellseherin...

Anrufer-ID-Smartphone-Apps können auch zum Heißes Lesen verwendet werden. Sie führen Informationen in einer gemeinsamen Datenbank zusammen, beispielsweise Informationen darüber, wie ein bestimmtes Mitglied in den Kontakten verschiedener Benutzer aufgeführt ist. Enn ein Hellseher beispielsweise die Nummer eines potenziellen Kunden über eine solche Anwendung überprüft, erhält er möglicherweise die folgenden Optionen: "Onkel", "Mikhail ist Anwalt", "Misha ist ein Schuldner". Diese Informationen können während einer psychischen Leseleistung wunderbar ausgespielt werden. Der Mystiker im magischen Kristall kann spüren, dass der Klient einen Neffen oder eine Nichte hat, zu denen er eine "besondere Beziehung" hat. Oder im Kaffeesatz zu sehen, dass eine Person "irgendwie energetisch mit der Sphäre des Rechts verbunden" sei, "vielleicht beruflich". Oder stellen Sie nach dem Tarot-Layout fest, dass die finanzielle Situation des Kunden nicht immer stabil ist ...

Heißes Lesen wird auch verwendet, wenn mit einem großen Publikum gearbeitet wird. Zum Beispiel von der Bühne oder in einer TV-Show. Im Jahr 2017 erstellte eine Gruppe von Skeptikern unter der Leitung von Susan Gerbick und Mark Edward gefälschte Facebook-Profile. Mit den Daten dieser Konten nah men sie an einer Show des Spiritisten Thomas John Flanagan teil. Während der Vorstellung gab Flanagan vor, auf verstorbene Angehörige der skeptischen Gruppe zu hören. Aber in Wirklichkeit erzählte er genau die Informationen, die in den Konten von fiktiven Menschen veröffentlicht wurden.

In solchen Fällen arbeiten oft Assistenten. Vor der Veranstaltung mischen sie sich unter das Publikum und führen vertrauliche Gespräche. Oder sie stellen unter dem Deckmantel von Assistenten der Organisatoren unter verschiedenen Vorwänden (z. B. unter dem Deckmantel einer internen Umfrage) einige Fragen, um persönliche Informationen zu erhalten. Noch besser, wenn die Veranstaltung eine Voranmeldung hat. Dann kann schon die Form des Teilnahmeantrags (ob mündlich oder schriftlich) die Bereitstellung von Informationen beinhalten, die dem heißen Lesen förderlich sind.

Aus der Masse der gesammelten Informationen werden die interessantesten Geschichten ausgewählt. Informationen über sie werden dem Hellseher zusammen mit Zeichen zur Identifizierung übermittelt. Um die Suche nach den richtigen Personen zu erleichtern, sind Stuhlbeine manchmal mit farbigen Aufklebern gekennzeichnet. Sind mehrere Hellseher im

Programm, wird jedem eine andere Farbe zugeordnet.

Und die unverschämtesten Darsteller der Mystik können selbst mit jemandem sprechen. Zum Beispiel könnte ein Medium zu einer besonders niedergeschlagen aussehenden Frau in der Lobby gehen und etwas sagen wie: "Hallo. Ich sehe, dass Sie meine Verbindung zu den Geistern besonders brauchen. Was ist mit dir passiert?" Und nachdem Sie die notwendigen Informationen erhalten haben, versprechen Sie mitfühlend, dass er trotz der großen Anzahl von Teilnehmern versuchen wird, dieser Frau in der Show Zeit zu widmen. Wenn dieses Medium in der Show sagt, dass er in der Nähe einen Geist namens Bill in einem grauen Anzug mit einem Leberfleck auf der rechten Wange sieht und seinen Verwandten bittet, zu antworten, dann wird dies für das Publikum eine Demonstrieren eines unglaublichen Hits sein. All diese Einzelheiten wurden dem Spiritisten von der Frau selbst mitgeteilt. Aber selbst sie, berührt von seiner Sympathie und Aufmerksamkeit, sowie verwirrt von anderen Methoden des psychischen

Lesens, auf die ich weiter unten eingehen werde, wird diesen Trick unbeachtet lassen.

Sogar Fernsehprediger wurden beim Heißes Lesen erwischt. Damit ahmten sie die Gabe des Heiligen Geistes nach. Skeptikern ist aufgefallen, dass Elizabeth, die Frau des Fernsehpredigers Peter Popoff, vor der Show gerne mit den Zuschauern plaudert. Peter wurde während der Aufführung auch mit internen Kopfhörern gesehen. Dann organisierte der berühmte Entlarver der Mystik, James Randi, zusammen mit dem Team eine Show, zu der er einen Funkabfangjäger mitbrachte.

James Randy als strenger Dumbledore während einer Werbekampagne für den Film "An Honest Liar" (eng.) über sein Leben. 2014.

Es stellt sich heraus, dass, wenn Petrus einem Fremden im Publikum erzählt, was er nicht wissen kann, es nicht der Heilige Geist ist, der es ihm zuflüstert, sondern seine Frau. Sie verwendete Informationen aus ihren Interaktionen mit dem Publikum vor der Show sowie von Gebetskarten, die das Publikum vor der Show ausgefüllt hatte. Randys Team gelang es, diese Funkhinweise abzufangen. Skeptiker haben ein Video veröffentlicht, in dem zuerst ein Abfangen des Hinweises zu hören ist, und dann spricht Popoff die darin enthaltenen Informationen.

In Fernsehsendungen wie "America's Psychic Challenge" (eng.) werden Informationen über die "Prozesse", denen die Teilnehmer der Show gegenüberstehen, von den Redakteuren im Voraus vorbereitet. Und dann kommt ein komplexes System ungleichmäßiger Informationsverteilung ins Spiel. Wer wie viele Hinweise bekommt und wie gut jeder Teilnehmer in der nächsten Ausgabe der Show nach der Montage aussehen wird, hängt von der Bewertung der Charaktere ab, die die Teilnehmer spielen, und von vielen korrupten Faktoren.

Der Herausgeber der ersten Staffel des russischen "Battle of Psychics" Oleg Loskutov gab zu, dass die in der Show verwendeten Geschichten echt sind. Und alle Informationen über sie, die von Verwandten, Nachbarn, in den Medien, im Internet und anderen Quellen zu erhalten sind, bereitet die Redaktion der Show vor und kennt sie im Voraus. Er teilt es mit Hellsehern. Oleg selbst hat eine Vereinbarung mit dem magischen Salon getroffen, aus der die Gewinnerin der ersten Staffel, Natalya Vorotnikova, zu dem Projekt kam. Er registrierte eine anonyme E-Mail und schickte von dort Daten über den Schlüsseltest, der den Gewinner ermittelte, an den Salon.

Natürlich wandten sich nach dem Gewinn der TV-Show unglaublich viele Kunden an den Salon. Und der Preis für persönliche Beratungen mit Vorotnikova stieg in die Höhe und überstieg das durchschnittliche Monatsgehalt von Lehrern in Russland. Obwohl negative Bewertungen über ihre Arbeit auf der unabhängigen Ressource otzov-mf.ru zu lesen sind. Hier ist ein typisches Beispiel:

"Ich habe seit der ersten Staffel der Hellseher-Show schon lange von Natalya Vorotnikova gehört, und ihre Person taucht regelmäßig in den Nachrichten auf. Ich träumte davon, einen Termin zu vereinbaren und ein paar Fragen zu stellen, die mich seit meiner Kindheit beschäftigen. Ich rief das Magic Power Center telefonisch an und vereinbarte einen passenden Termin. Der angekündigte Preis der Session war natürlich sehr hoch, aber was soll ich sagen – schließlich wird die Persönlichkeit gehyped. Jetzt sehr enttäuscht. Ich wurde mit meinen Problemen allein gelassen, ich gab das Geld aus und sie boten mir nur an, mich für ein paar weitere Sitzungen anzumelden. Funktioniert Natalia wirklich mit jedem so? Ich kann es nicht glauben..".

Das Problem der "Star"-Hellseher liegt oft darin, dass sie alle ihre Bemühungen auf Werbeprojekte richten. Und sich zu verbessern, um den normalen Kunden nicht zu enttäuschen, gilt als überflüssig. Daher verwenden sie häufig kein heißes Lesen, um mit normalen Besuchern zu arbeiten. Und selbst die formelhaften Antworten auf Routinefragen, an die sie sich erinnern, sind oft schlecht gestaltet.

Dies wird durch die Bewertungen bestätigt:

"Ich habe Vorotnikova vor einigen Jahren besucht und 30.000 Rubel gegeben. Sobald ich eintrat, wurde mir sofort klar, dass sie keine Hellseherin war. Der erste Gedanke war, dass das Geld nicht zurückgegeben werden konnte, ich habe es nur bereut. Sie ist sogar eine schlechte Schauspielerin, sie konnte nicht die richtige Atmosphäre schaffen. Als ich ein Lächeln nicht mehr zurückhalten konnte, weil sie Unsinn redete, sagte sie, dass meine Energie es ihr nicht erlaubte, mit mir zu arbeiten. Alles, was sie mir sagte, nicht wurde wahr. Mafia der imaginären Hellseher".

Der Eindruck selbst wissentlich zuverlässiger Informationen hängt nicht so sehr von ihrer Quantität oder Genauigkeit ab, sondern davon, wie korrekt sie dargestellt wird.

Angenommen, ein Hellseher sieht auf Instagram, dass sein Mandant gestern auf der Geburtstagsfeier von Sergei N. in der Fun and Snack Bar ein dunkles Bier genossen hat. Es wäre falsch, diese Information direkt und dokumentarisch richtig hinzuschmeißen: *"Der Kristallkugel zeigt, dass Sie gestern die Fun and Snack Bar besucht haben. Ich sehe ein Glas dunkles Bier in Ihren Händen ... Sie sind neben Sergei, dem alle zu seinem Geburtstag gratulieren..."* Eine solche

Genauigkeit hingegen wird das kritische Denken wecken und anregen: Der Kunde fängt an zu überlegen, woher man so viele Detailinformationen bekommen kann. Und schließlich erinnert er sich, dass er es auf Instagram gepostet hat.

Ein plausibler Hellseher muss Energien fühlen und Halbnebelbilder sehen, die der Klient selbst konkretisiert und dadurch selbst bestätigt, dass der Hellseher wirklich Zugang zum "Energie-Informationsfeld des Universums" hat. *"Wenn ich versuche, in die letzte Nacht zu schauen, kommt eine warme, gemütliche Energie heraus... Es scheint ein Gefühl von Spaß, Freude... eine Art Urlaub... Aber es sieht nicht so aus, als ob der Urlaub direkt mit dir zusammenhängt... Aber es fühlt sich an, als hättest du auch deinen Anteil bekommen... Freuden ... Die Bilder sind vage. Vielleicht dämmert es im Raum, oder ich kann die Energie einfach nicht klar unterscheiden... Du hast etwas Umfangreiches in deinen Händen... Es ist ein Getränk... Es scheint etwas Alkoholisches zu sein. Nach dem großen Volumen des Gefäßes zu urteilen, wage ich zu vermuten, dass es sich um ein großes Glas Whisky oder ein Glas Bier handelt. Wein und Cocktails werden nicht in so großen..".*

Wenn Sie Informationen auf diese vage Weise präsentieren, ist es wichtig, eine Pause einzulegen, Feedback von der Person zu bekommen. — *"Wow! Richtig: Gestern haben sie einen Geburtstag gefeiert, aber nicht meinen. Mein Freund Sergej. Ich kenne ihn, seit ich in die Stadt gezogen bin. Seitdem sind wir befreundet..".* — Die mündliche Bestätigung erhöht das Vertrauen des Klienten in den Hellseher. Es macht es auch schwierig, zu negativer Kritik überzugehen. Darüber hinaus liefert der Klient oft unwissentlich zusätzliche Informationen, die zur Entwicklung des psychischen Lesens verwendet werden können.

Der einfachste Weg, dies zu tun, besteht darin, das, was der Kunde gesagt hat, einige Minuten später neu zu formulieren. — *"Weißt du, eine Art nicht-lokale Energie kommt von dir. Vielleicht sind Sie gar nicht in dieser Stadt geboren oder haben längere Zeit woanders gelebt..".* — Sie werden überrascht sein, wie leicht die Menschen vergessen, dass sie selbst erst kürzlich die für eine solche Behauptung erforderlichen Informationen bereitgestellt haben! Wenn ein solcher Kunde von dieser Episode erzählt, wird er bereit sein zu schwören, dass der Hellseher selbst herausgefunden hat, dass er nicht von hier stammt.

Methode 2. Kaltes Lesen

Kalte Snacks sind meist schnell zubereitet. Quasi nebenbei. Kaltes Lesen erfordert auch keine lange Vorbereitung. Es besteht darin, dass das Hellseher aufgrund der Beobachtung des Hier und Jetzt vernünftige und höchst wahrscheinliche Annahmen trifft.

Mittels Kaltes Lesen analysiert der Hellseher Alter, Geschlecht, Nationalität, Körpersprache, Kleidung und andere verfügbare Informationen über eine Person. Und macht Aussagen auf der Grundlage der deduktiven Methode, Kenntnis von Statistiken, kulturellen Besonderheiten und Traditionen.

Wenn Sie dem durchschnittlichen Europäer sagen, dass Sie zu Beginn des Winters einen Anstieg der Ausgaben sehen, dann liegen Sie in den meisten Fällen richtig, da der Dezember die Zeit der Weihnachts- und Neujahrsferien ist.

Im Jahr 2014 wurde im International Journal of Legal Medicine eine Studie veröffentlicht, die unter anderem zu dem Schluss kommt, dass bei Männern Narben an der linken Hand häufiger sind als an der rechten, und dass Zeige- und

Mittelfinger von Männern geschnitten werden am meisten. Und die meisten Narben wurden am Mittelglied gefunden. Also, wenn im Publikum ein Hellseher sagt, dass er die Anwesenheit eines Mannes spürt, der sich einmal den Zeigefinger verletzt hat, vielleicht im Bereich des Mittelglieds... und die Verletzung so war, dass sie vielleicht sogar eine Narbe hinterlassen hat, dann höchstwahrscheinlich wird ein solcher Mann entdeckt, was den Glauben an die Fähigkeiten des mystischen Sprechers stärken wird.

Die Umfrage der Dove-Kampagne "Real Beauty" unter Tausenden von Frauen in zehn Ländern ergab, dass nur 11 Prozent der Befragten sich damit wohlfühlen, sich selbst als "schön" zu bezeichnen. Und nur 4 Prozent der Frauen finden sich schön. Das heißt, die meisten Frauen sind nicht selbstbewusst in ihrem Aussehen, sie sind unzufrieden damit. Mit diesem Wissen kann der Hellseher während einer Tête-à-Tête-Sitzung das Eindringen in die verborgensten und privatesten Tiefen des Geistes des Klienten demonstrieren.

Unschätzbare Beispiele für auf Schlussfolgerungen basierendes kaltes Lesen liefert Arthur Conan Doyles Figur Sherlock

Holmes. Hier nimmt er die Uhr von Dr. Watsons und erklärt: *"Ihr Bruder war ein sehr unordentlicher, frivoler und schlampiger Mensch. Er erbte ein anständiges Vermögen, er hatte eine Zukunft vor sich. Aber er vergeudete alles, lebte in Armut, obwohl ihn manchmal das Glück anlächelte. Am Ende hat er sich wurde Alkoholiker und ist gestorben".* Diese Genauigkeit ließ Watson vermuten, dass ein Heißes Lesen verwendet wurde: *"Sie haben irgendwie von dem Schicksal meines unglücklichen Bruders erfahren, und jetzt tun Sie so, als hätten Sie es erst jetzt durch ein Wunder erfahren. Ich werde nie glauben, dass dir das alles eine alte Uhr erzählt hat! Es ist grausam und riecht sogar nach Quacksalberei!"*

Aber Holmes will nicht bekannt sein Hellseher ab und offenbart daher, wie er zu den angegebenen Schlussfolgerungen kam: *"Sie sind erstaunt, weil Sie meinen Gedankengang nicht sehen, und kleine Tatsachen existieren für Sie nicht. Aber auf ihnen baut in der Regel die Schlussfolgerung auf. Zum Beispiel, meine erste Schlussfolgerung ist, dass Ihr Bruder außergewöhnlich schlampig war. Wenn Sie die Rückseite der Uhr genau untersuchen, werden Sie feststellen, dass das Gehäuse nicht nur an zwei Stellen verbeult, sondern auch von etwas Hartem, wie einem*

Schlüssel oder Münzen, die Ihr Bruder in derselben Tasche wie die Uhr trug, stark zerkratzt ist. Es ist klar, dass man kein Genie sein muss, um anzunehmen, dass eine Person, die so schlampig eine Uhr im Wert von fünfzig Guineas hält, keine Liebe zur Ordnung hat. Es ist auch leicht herauszufinden, dass, wenn eine Person eine so teure Uhr geerbt hat, die Erbschaft selbst nicht klein war. Wenn in einem englischen Pfandhaus eine Uhr als Pfand genommen wird, wird die Quittungsnummer normalerweise auf der Innenseite des Deckels zerkratzt. Dies ist viel bequemer als alle Verknüpfungen. Es besteht keine Gefahr, dass das Etikett verloren geht oder ersetzt wird. Auf dieser Uhr habe ich mit Hilfe einer Lupe mindestens vier solcher Zahlen ausgemacht. Fazit — Ihr Bruder war oft pleite. Die zweite Schlussfolgerung ist, dass es ihm von Zeit zu Zeit gelang, seine Angelegenheiten zu verbessern, sonst hätte er die verpfändete Uhr nicht einlösen können. Werfen Sie schließlich einen Blick auf die untere Abdeckung, die ein Schlüsselloch hat. Sehen Sie, wie viele Kratzer, das sind Spuren des Schlüssels, die nicht sofort in das Loch fallen. Ein Nichttrinker hat solche Kratzer nicht auf seiner Uhr. Dein Bruder hat spät in der Nacht die Uhr aufgezogen, und sieh dir an, wie viele Striche *seine unstete Hand hinterlassen hat. Was ist an all dem so wunderbar und geheimnisvoll?"*

In dieser Broschüre kann ich nur einen Überblick darüber geben, was kaltes Lesen ist. Sie zu beherrschen erfordert eine kontinuierliche Verbesserung. Man muss beobachten, Körpersprache lernen, statistische und psychologische Fakten sammeln. Für ein tieferes Verständnis des Themas empfehle ich, die Monographie zu lesen: The Full Facts Book of Kaltes Lesen: A Comprehensive Guide to the Most Persuasive Psychological (eng.) von Ian Rowland.

Und wir werden dieses Kapitel mit einigen Ratschlägen für aufstrebende hellseherische Leser des Mentalisten und Psychologieprofessors Ray Hyman beenden. Er schlägt 13 "Spielregeln" vor, die für erfolgreiches Kaltlesen unerlässlich sind:

1. Denken Sie daran, dass Selbstvertrauen eine Schlüsselkomponente für das erfolgreiche Lesen. Wenn Sie so aussehen und sich so verhalten, als würden Sie an das glauben, was Sie tun, können Sie die meisten Leute sogar schlechte Lektüre verkaufen.

2. Verwenden Sie kreativ die neuesten Statistiken und Umfragen. Es kann Ihnen reichhaltiges Material darüber liefern, was die verschiedenen Unterklassen unserer Gesellschaft glauben, was sie tun, was sie wollen, worüber sie sich Sorgen machen und so weiter. Wenn Sie beispielsweise Dinge über einen Kunden feststellen können, wie die Gegend des Landes, aus der er stammt, die Größe der Stadt, in der er aufgewachsen ist, die Religion und den Beruf seiner Eltern, seinen Bildungsstand und sein Alter, haben Sie dies bereits Informationen, die es Ihnen ermöglichen sollten, seine Wahlpräferenzen, seine Überzeugungen zu vielen Themen und andere Eigenschaften vorherzusagen.

3. Bereiten Sie den Untergrund zum Lesen vor. Zeige Bescheidenheit in Bezug auf deine Talente. Überfordern Sie nicht. Dies wird Ihren Gesprächspartner überraschen. Du forderst ihn nicht zu einem Wettstreit heraus. Sie können seinen Charakter lesen; ob er dir glauben will oder nicht, ist seine sorge.

4. Fordern Sie die Mitarbeit des Subjekts im Voraus an. Betonen Sie, dass der Erfolg der

Lesung sowohl von seiner aufrichtigen Mitarbeit als auch von Ihren Bemühungen abhängt. (Immerhin implizieren Sie, dass Sie bereits eine erfolgreiche Karriere als Menschenleser haben. Sie stehen nicht vor Gericht, er aber.) Weisen Sie darauf hin, dass Sie aufgrund von Sprach- und Kommunikationsschwierigkeiten nicht immer genau die Bedeutung vermitteln können, die Sie meinen im Auge haben. In diesen Fällen muss er versuchen, die Botschaft in Bezug auf sein eigenes Vokabular und sein Leben neu zu interpretieren.

5. Verwenden Sie Tricks wie eine Kristallkugel, Tarotkarten oder Handlesen. Die Verwendung von Handlesen dient, sagen wir, zwei nützlichen Zwecken. Das macht das Lesen frisch, aber was noch wichtiger ist, es dient Ihnen als Front, um innezuhalten und Ihre nächste Aussage zu formulieren. Während du überlegst, was du als nächstes sagen sollst, tust du so, als würdest du die neuen Falten oder Linien auf deinem Arm genau studieren. Händchenhalten ist zusätzlich zu allen emotionalen Empfindungen, die Sie auf diese Weise geben oder empfangen können, eine weitere gute Möglichkeit, die Reaktion des Subjekts auf das,

was Sie sagen, zu erkennen (das Prinzip ist das gleiche wie beim "Muskellesen").

6. Behalten Sie eine Liste gängiger Redewendungen auf Ihrer Zungenspitze. Selbst wenn Sie eine kalte Lesen machen, wird eine großzügige Einstreuung von formelhaften Sätzen in Ihre normale Lektüre die Lektüre bereichern und die Zeit füllen, während Sie versuchen, genauere Spezifikationen zu formulieren. (Hier sprechen wir über Sätze aus dem Arsenal der warmen Lektüre, denen das nächste Kapitel gewidmet ist — Hrsg.)

7. Halten Sie die Augen offen. Nutzen Sie auch andere Sinne. Sie können den Kunden in Bezug auf Kleidung, Schmuck, Manieren und Sprache bewerten. Schon eine grobe Einordnung auf dieser Basis kann genügend Informationen für eine gute Lektüre liefern. Beobachten Sie, wie Ihre Aussagen auf die andere Person wirken. Sehr schnell werden Sie verstehen, wann Sie "ins Schwarze treffen" und wann – "Milch".

8. Verwenden Sie die Angeltechnik. Es ist nur eine Möglichkeit, das Subjekt dazu zu bringen, Ihnen von sich zu erzählen. Dann paraphrasieren Sie das, was er gesagt hat, in eine

zusammenhängende Gliederung und bringen es auf das Thema zurück. Eine Angelmöglichkeit besteht darin, jede Aussage in Form einer Frage zu formulieren. Warten Sie dann, bis das Subjekt antwortet (oder reagiert). Ist die Reaktion positiv, dann verwandelt der Leser die Frage in eine positive Aussage. Oft beantwortet das Subjekt eine implizite Frage und dann mehrere weitere. Später neigt er dazu zu vergessen, dass er die Quelle Ihrer Informationen war. Indem Sie Ihre Aussagen in Fragen verwandeln, zwingen Sie die Versuchsperson auch dazu, ihr Gedächtnis nach bestimmten Fällen zu durchsuchen, die zu Ihrer allgemeinen Aussage passen.

9. Lernen Sie, ein guter Zuhörer zu sein. Während der Lektüre wird Ihr Kunde gerne über die fraglichen Vorfälle sprechen. Ein guter Vorleser erlaubt dem Kunden zu sprechen, wie er möchte.

Einmal habe ich mir Wahrsagen durch Teebrühen angesehen. Tatsächlich verbrachte die Klientin 75 % ihrer Zeit mit Reden. Als ich die Klientin später nach dem Reading fragte, bestand sie vehement darauf, dass sie während des Readings kein Wort gesagt hatte. Die Klientin lobte die Leserin dafür, dass sie ihr so aufschlussreich erzählte, was sie tatsächlich selbst gesagt hatte.

Ein weiterer Vorteil des Zuhörens besteht darin, dass die Kunden, die die Dienste eines Vorlesers in Anspruch nehmen, tatsächlich möchten, dass sich jemand ihre Probleme anhört. Darüber hinaus haben viele Kunden bereits eine Entscheidung darüber getroffen, welche Wahl sie treffen werden. Sie wollen nur Unterstützung, um ihre Entscheidung umzusetzen.

10. Dramatisieren Sie Ihr Lesen. Gib das Wenige zurück, was du hast, oder nimm ein bisschen nach dem anderen. Lassen Sie das, was Sie sagen, größer erscheinen, als es wirklich ist.

11. Geben Sie immer den Eindruck, dass Sie mehr wissen, als Sie sagen. Ein erfolgreicher Leser, wie ein erfolgreicher Hausarzt, tut immer so, als wüsste er viel mehr. Sobald Sie den Kunden davon überzeugen, dass Sie solche Informationen über ihn kennen, die Sie auf den üblichen Wegen nicht bekommen konnten, geht der Kunde automatisch davon aus, dass Sie alles wissen. An diesem Punkt wird er sich normalerweise öffnen und sich dir anvertrauen.

12. Scheuen Sie sich nicht, Ihrem Gesprächspartner bei jeder Gelegenheit zu schmeicheln. Ein zufälliges Thema wird gegen eine solche Schmeichelei protestieren, es aber dennoch schätzen. In solchen Fällen kannst du ihm noch mehr schmeicheln, indem du sagst: "Du bist immer misstrauisch gegenüber Menschen, die dir schmeicheln. Du kannst einfach nicht glauben, dass jemand Gutes über dich sagen wird, es sei denn, er versucht, einen versteckten Zweck zu erreichen".

13. Denken Sie schließlich an die goldene Regel: Sagen Sie dem Kunden, was er hören möchte. Sigmund Freud hat einmal eine aufschlussreiche Beobachtung gemacht. Er hatte einen Klienten, der vor vielen Jahren zu einer Wahrsagerin ging. Die Wahrsagerin sagte ihr voraus, dass sie Zwillinge bekommen würde. Tatsächlich hatte sie nie Kinder. Und trotz der Tatsache, dass die Wahrsagerin falsch lag, sprach der Kunde immer noch begeistert von ihr. Freud versuchte herauszufinden, warum das so war. Er kam schließlich zu dem Schluss, dass der Klient während der ersten Lesung unbedingt Kinder haben wollte. Die Wahrsagerin spürte dies und

sagte ihr, was sie hören wollte. Daraus schloss Freud, dass ein erfolgreicher Wahrsager derjenige ist, der vorhersagt, was der Klient insgeheim wünscht, und nicht, was tatsächlich passiert oder passieren wird.

Kaltes Lesen ist vielleicht die kreativste und zugleich schwierigste Technik, da sie den Einsatz aller mentalen Kräfte erfordert: von erhöhter Aufmerksamkeit bis hin zur Fähigkeit, schnell Schlussfolgerungen zu ziehen. Die folgende Technik erfordert hauptsächlich ein gutes Gedächtnis.

Methode 3. Warmes Lesen

Diese Methode kann spontan verwendet werden, ohne vorher Kundendaten zu sammeln. Und doch bedarf es einer vorbereitenden Vorbereitung. Viele nennen es deshalb Warme Lesen. Allerdings nicht alle. Einige Autoren verwechseln es mit kaltem Lesen. Aber ich glaube, dass es seinen eigenen Namen verdient, da die Wunder der außersinnlichen Wahrnehmung auch nur mit einem von ihnen demonstriert werden können.

1948 schlug der amerikanische Psychologe Bertram Forer vor, dass Studenten einen psychologischen Persönlichkeitstest machen sollten. Nach einiger Zeit gab er ihnen die Ergebnisse in Form von Persönlichkeitsbeschreibungen und bat sie, ihre Genauigkeit auf einer fünfstufigen Skala zu bewerten. Die durchschnittliche Punktzahl war hoch: 4,26 Punkte. Der Haken war jedoch, dass alle Schüler die gleiche Charakterisierung erhielten:

"Sie sind auf die Zuneigung und Bewunderung anderer angewiesen, neigen aber dennoch zu

Selbstkritik. Ihre Persönlichkeit weist einige Schwächen auf, die Sie aber im Allgemeinen ausgleichen können. Beträchtliche Fähigkeiten lassen Sie brachliegen, statt sie zu Ihrem Vorteil zu nutzen. Äußerlich diszipliniert und selbstbeherrscht, neigen Sie dazu, sich innerlich ängstlich und unsicher zu fühlen. Mitunter zweifeln Sie stark an der Richtigkeit Ihres Tuns und Ihrer Entscheidungen. Sie bevorzugen ein gewisses Maß an Abwechslung und Veränderung und sind unzufrieden, wenn Sie von Verboten und Beschränkungen eingeengt werden. Sie sind stolz auf Ihr unabhängiges Denken und nehmen anderer Leute Aussagen nicht unbewiesen hin. Doch finden Sie es unklug, sich anderen allzu bereitwillig zu öffnen. Manchmal verhalten Sie sich extrovertiert, leutselig und aufgeschlossen, dann aber auch wieder introvertiert, skeptisch und zurückhaltend. Manche Ihrer Hoffnungen sind ziemlich unrealistisch".

Damit hat Forer wissenschaftlich bestätigt, dass die meisten Menschen dazu neigen, vagen universellen Beschreibungen zu vertrauen, die auf fast jeden Menschen zutreffen, und sie als etwas Einzigartiges wahrnehmen, das für sie persönlich gilt, wenn sie der Quelle vertrauen, aus der diese Beschreibung stammt. Dies ist das Phänomen des "Forer-Effekts".

Ein anderer Name dafür ist der Barnum-Effekt. Benannt nach dem berühmten amerikanischen Schwindler und Schausteller Phineas Barnum. Es wird gesagt, dass ein Mädchen Barnum einmal bat, zumindest etwas Arbeit zu geben, und er ihr einen Job in einer Wahrsagerei anbot. Als das Mädchen sagte, dass sie so etwas noch nie getan hatte und nicht wusste, was sie tun sollte, stellte Barnum mehrere Texte zusammen, die sie mit Kunden verwenden konnte. Infolgedessen war das Mädchen als erstaunlich begabte Wahrsagerin bekannt.

Aus diesem Grund ist die Warm-Reading-Methode für Hellseher-Anfänger eine echte Entdeckung: Sie können sich einfach ein paar vorgefertigte Texte merken, die auf den Prinzipien des Forer-Effekts basieren, und erfolgreich sein. Dies ist die Grundtechnik, mit der empfohlen wird, mit dem psychischen Training zu beginnen. Sie können nach und nach Elemente des heißen und kalten Lesens zu den erlernten Mustern hinzufügen, um deren

Verwendung zu verbessern. Und kehren Sie dann wieder zum Vorlagentext zurück.

Aber wo bekommt man diese Texte her? Verwenden Sie zunächst vorgefertigte Beispiele aus der Literatur zum Thema Mentalismus. Ich habe bereits den Text von Forers Experiment gegeben. 1982 kürzte und bearbeitete Robert Duech Text und erstellte darauf basierend eine umgekehrte Beschreibung. Und es funktioniert genauso effizient:

"Du bist im Grunde autark: Du hast kein starkes Bedürfnis danach, dass andere Leute dich mögen und bewundern. Sie neigen dazu, sich selbst so zu akzeptieren, wie Sie sind, anstatt sich selbst zu kritisieren. Sexuelle Anpassung war für Sie kein Problem. Während Sie nach außen hin unruhig und unsicher wirken, sind Sie innerlich eher diszipliniert und zurückhaltend. Sie haben selten ernsthafte Zweifel, ob Sie die richtige Entscheidung getroffen oder gehandelt haben. Anderen Menschen gegenüber bist du ziemlich offen".

Der Psychotherapeut Vladimir Levy bietet seine eigene Version eines ähnlichen Textes an:

"Du bist von Natur aus ein vertrauensvoller Mensch, aber das Leben hat dich Vorsicht gelehrt. Sie beschließen, das Persönlichste nur einer oder zwei Personen anzuvertrauen, aber selbst dann haben Sie das Gefühl, dass etwas ungesagt bleibt. Du weißt schon lange, dass ein Mensch im Großen und Ganzen hoffnungslos einsam ist, aber du hast dich fast damit abgefunden und bist froh, dass es zumindest ein paar Menschen gibt, mit denen du die Einsamkeit vergessen kannst. Du bist ziemlich stur, aber dein Wille verweigert dich manchmal, und es macht dir Sorgen. Sie möchten selbstbewusster werden, in manchen Momenten verachten Sie sich einfach für Ihre Unsicherheit — schließlich verstehen Sie im Grunde, dass Sie nicht schlechter sind als andere. Sie sind gereizt, können sich manchmal nicht zurückhalten, besonders bei Ihren Lieben, und dann bereuen Sie Ihre Ausbrüche. Man kann nicht sagen, dass Sie nicht egoistisch waren, manchmal sogar sehr, aber gleichzeitig können Sie, sich selbst vergessend, viel für andere tun, und wenn Sie Ihr Leben als Ganzes betrachten, sie opfern viel für Ihre Lieben. Manchmal kommt es Ihnen so vor, als würden Sie dreist und zynisch benutzt, und dann überfällt Sie ohnmächtige Empörung. Viel Energie in Ihrem Leben wird für den Alltag aufgewendet, für eine langweilige

Routine, viele Neigungen bleiben unerfüllt, aber was soll ich sagen... Sie haben längst gesehen, wie viele Lügen die Menschen haben, wie viele langweilige, nutzlose Farce, kleine Intrigen, undurchdringliche Dummheit. All dies ist in der Nähe, und Sie selbst nehmen an all dem teil und sind angewidert. Und doch bleibt irgendwo, fast unbewusst, der Glaube an das Authentische. Es taucht ab und zu auf. Du liebst dich selbst und bist leicht beleidigt, aber meistens weißt du, wie du es verbergen kannst. Sie haben oft ein Gefühl von Neid, obwohl Sie sich dessen nicht immer bewusst sind. Aber Sie können sich aufrichtig über die Errungenschaften von Menschen in Ihrer Nähe und Menschen, die Sie mögen, freuen".

In der zweiten Stufe können Sie den gelernten Texten eigene Sätze hinzufügen, die auf dem Prinzip des Forer-Effekts basieren. Sie können fertige Formulierungen aus den Texten von Horoskopen, Wahrsagen und psychologischen Tests in populären Zeitschriften entnehmen.

Der französische Forscher Michel Gauquelin verschickte 1968 ein "sehr persönliches Horoskop" an 150 Personen, die er über eine Zeitungsanzeige angeworben hatte. Mehr als 90 % der Probanden stimmten zu, dass die

Beschreibung zu ihnen passt. Tatsächlich schickte er allen denselben Text. Es wurde in einem der ersten astrologischen Computerprogramme zusammengestellt, dessen Texte vom Astrologen André Barbeau verfasst wurden. Gauquelin verwendete das Geburtsdatum des Serienmörders Marcel Petiot als Eingabe.

"Neben den charakteristischen Merkmalen eines Einfaltspinsels weiß der Apfelbaum, wie man alles philosophisch angeht, um die Situation zu analysieren. Trotz Sentimentalität und Hang zu Fantasien verlieren sie vor jugendlicher Liebe nicht den Kopf. Oft überkommt sie dieses Gefühl im Laufe der Jahre. Sie sind sehr anhänglich und erkennen keine Nebenbeziehungen an. Sie werden auf jeden Fall versuchen, den Familienfrieden zu wahren...". — dies ist ein aus dem Internet entnommener Text, der den Apfelbaum aus dem sogenannten Horoskop der Druiden beschreibt.

Auf der dritten Stufe schließlich können Sie lernen, solche Texte selbst zu formulieren. Die Grundvoraussetzung ist, dass die Beschreibung universell genug sein sollte, um für fast jede Person geeignet zu sein, oder zumindest für fast jede Person, die zu der sozialen, Geschlechts-,

Alters- und so weiter-Kategorie gehört, zu der der Adressat gehört.

Zum Beispiel fand der klinische Psychologe Norman Sandberg 1955 heraus, dass die meisten College-Studenten den folgenden Text als ziemlich genaue Beschreibung ihrer Persönlichkeit wahrnehmen:

"Sie sind eine Person, die in Ihren Einstellungen, Ihrem Verhalten und Ihren Beziehungen zu Menschen sehr normal ist. Du kommst gut und mühelos mit anderen zurecht. Menschen mögen dich von Natur aus, und du bist ihnen oder dir selbst gegenüber nicht übermäßig kritisch. Sie sind nicht zu traditionell und nicht zu individualistisch. Ihre vorherrschende Stimmung ist optimistisch und kreativ, und Sie werden nicht von depressiven Phasen, psychosomatischen Erkrankungen oder nervösen Symptomen geplagt".

Sandberg stellte fest, dass weibliche College-Studenten die Genauigkeit der folgenden Beschreibung sogar noch höher bewerteten:

"Sie machen den Eindruck eines fröhlichen, ausgeglichenen Menschen. Möglicherweise haben Sie einen Wechsel zwischen optimistischer und negativer

Stimmung, aber diese sind im Moment nicht extrem. Sie haben wenige oder keine gesundheitlichen Probleme. Du bist kontaktfreudig und verstehst dich gut mit anderen. Sie passen sich leicht an soziale Situationen an. Du neigst zu Abenteuerlust. Ihre Interessen sind breit gefächert. Sie sind ziemlich selbstbewusst und denken normalerweise klar".

Wie Sie sehen, berücksichtigt es die für das Studentenalter charakteristischen Merkmale: gute Gesundheit und eine allgemein optimistische Lebenseinstellung.

Aber darüber hinaus werden zwei weitere Merkmale erfolgreicher warmer Lesetexte berücksichtigt. Erstens neigen Menschen dazu, besser auf eine anerkennende Beschreibung ihrer Persönlichkeit zu reagieren. Daher sollte warme Lesen unbedingt positive Beschreibungen enthalten: Komplimente und Schmeicheleien. Dies steht im Einklang mit dem Effekt, den Psychologen entdeckt haben, dass die meisten Menschen sich in verschiedenen Bereichen für etwas besser halten als andere.

Zweitens ist es schwierig (und streng logisch unmöglich), einen Text vollständig abzulehnen, der ambivalente Merkmale enthält: "Sie sind von

Natur aus ein vertrauensvoller Mensch, aber das Leben hat Sie Vorsicht gelehrt", "manchmal sind Sie extrovertiert, freundlich und gesellig, manchmal Sie sind introvertiert, vorsichtig und zurückhaltend", "man kann nicht sagen, dass Sie nicht egoistisch sind, manchmal sogar sehr, aber gleichzeitig können Sie, sich selbst vergessend, viel für andere tun", "Sie neigen zu Abenteuerlust, denkt aber meistens klar".

Solche widersprüchlichen Beschreibungen basieren auf der Fähigkeit der menschlichen Aufmerksamkeit, sich selektiv nur an das zu erinnern, was dazu dient, bestehende Überzeugungen und Einstellungen zu bestätigen. Wenn eine Person glaubt, dass die Beschreibung ihrer Persönlichkeit aus einer kompetenten Quelle stammt, wird sie sich unwillkürlich auf die Momente konzentrieren, welche wahr sind. Die meisten Nicht-Zufälle werden ignoriert. Und er wird den Eindruck gewinnen, dass diese Beschreibung im Allgemeinen (mit Ausnahme einiger Kleinigkeiten) sehr gut auf ihn zutrifft.

Drittens, wenn man über den Grad der Manifestation bestimmter Merkmale spricht, sollte man vage, objektiv nicht überprüfbare

Aussagen verwenden und es der Person selbst überlassen, sie subjektiv zu interpretieren: "bis zu einem gewissen Grad", "in bestimmten Situationen" und so weiter wie. Zum Beispiel klingt "Du weißt wie man sich zurückhält" authentischer als "Du bist zurückhaltend". Wenn eine Person Fälle von Jähzorn kennt, kann sie die zweite Option ablehnen. Aber ersteres ist schwieriger abzulehnen: Der Ausdruck "Du weißt wie ..". deutet darauf hin, dass eine Person nicht immer zurückhaltend ist. Und gleichzeitig wird der Grad der Zurückhaltung nicht nach irgendeiner objektiven Skala angegeben. Selbst wenn der Adressat also eigentlich leicht erregt ist, wird er sich sicherlich an Fälle erinnern können, in denen er sich zurückgehalten hat, und diese Fälle mit dem Merkmal "Du weißt wie man sich zurückhält" in Verbindung gebracht werden.

Eine andere Möglichkeit, Forer-Formulierungen zu erstellen, besteht darin, über die Ängste und Bedürfnisse zu sprechen, die die meisten Menschen haben. "Du machst dir oft Sorgen um deinen Sohn". "Manchmal gibt es in einer Beziehung Perioden der Unsicherheit bei einem Partner". "Wenn man an die Zukunft denkt, merkt man, dass man Gewissheit braucht". "Der Wunsch nach finanzieller Unabhängigkeit steht bei Ihnen nicht an letzter Stelle".

Die Kenntnis dieser Merkmale reicht aus, um im Voraus mehrere Texte zum warmen Lesen zu verfassen.

Kombinierte Beschreibungen mit Elementen aller drei Lesemethoden erzielen jedoch die größte Wirkung.

Analysieren Sie Ihr gewohntes soziales Umfeld. Welche Kategorien und sozialen Gesichter werden eher aufgenommen? Bereiten Sie im Voraus typische Beschreibungen für sie vor. Bringen Sie das Thema Hellseher auf einer Party oder einem Date anmutig zur Sprache.

Hier ist ein einfacher Anfang: "Man sagt, dass die mystische Gabe in den Familien von Generation zu Generation weitergegeben wird. Ich weiß nicht, ob das stimmt. Meine Großmutter hatte besondere Fähigkeiten und half Menschen. Es sieht nicht so aus, als hätte ich ihre ganze Gabe geerbt. Aber manchmal habe ich unerwartete Bilder und Empfindungen, wenn ich bestimmte Menschen sehe. Ich scheine mehr über sie zu wissen, als ich sollte. Du scheinst einer dieser Leute zu sein …" Normalerweise reicht das aus, um zu faszinieren.

Natürlich lohnt es sich, Ihr Gewissen zu bereinigen, da Sie Hellsichtigkeit bewiesen haben: "Es tut mir leid. Ich habe über meine Großmutter gelogen, um Sie zu faszinieren. Tatsächlich habe ich nichts Mystisches geerbt. Ich interessiere mich nur für Mentalismus und habe Mentalismus-Techniken für psychisches Lesen verwendet". Folgt eine Aufforderung, Geheimnisse preiszugeben, lässt sich leicht entgegnen: "Mentalismus ist ein Genre der Illusionskunst. Und in dieser Kunst ist es nicht üblich, Geheimnisse preiszugeben. Wie kann man sonst wieder überraschen, um neue positive Emotionen zu erzeugen?"

Mentalismus

Geheimnisse des Mentalismus

Mentalismus kann als Bühnenversion der Manifestation von Hellsehen charakterisiert werden. Aber es gibt einen signifikanten Unterschied zwischen den Kontexten, in denen Hellseher und Mentalmagier arbeiten. Hellseher verlangen, dass ihre mystischen Fähigkeiten ernst genommen werden. Und sie übernehmen die moralische Verantwortung, bei realen Problemen und Situationen zu beraten. Mentalisten bieten mystische Wunder als Unterhaltung an und übernehmen keine moralische Verantwortung für irgendjemanden. Wie andere Zauberer geben sie zu, dass sie im Genre der Illusionskunst arbeiten und nur Superkräfte imitieren, indem sie die Besonderheiten der menschlichen Psyche und andere Tricks ausnutzen.

Ich hoffe, dass mein gewissenhafter Leser das Material in diesem Buch nicht dazu benutzt, eine Karriere in Vertrauen und Mystik zu starten. Deshalb werde ich Ihnen eine Option anbieten, wie Sie die hier beschriebenen Techniken anwenden können, ohne Ihr Gewissen zu trüben.

Sie könnten etwas Ähnliches bei einem ersten Date oder einer Party mit Fremden sagen: "Weißt du, seit dem Abitur interessiere ich mich wahnsinnig für das Thema Hellsehen und Übersinnliche Wahrnehmung. Ich habe viel Mühe und Einfallsreichtum investiert, um zu verstehen, wie sie tun, was sie tun. Natürlich habe ich die außersinnliche Wahrnehmung nie perfekt gemeistert, aber ich habe es geschafft, einige Geheimnisse zu meistern. Wenn es dir nichts ausmacht, kann ich dir etwas zeigen". Und wenn Sie mit jemandem sprechen, der Sie schon lange kennt, können Sie einfach sagen, dass Sie kürzlich ein interessantes Buch gelesen haben, das einige psychische Techniken offenbart. Und es stellte sich heraus, dass es mit einer zufälligen Person ziemlich erfolgreich war. Jetzt möchten Sie versuchen, etwas zu demonstrieren und zu sehen, wie gut es bei Ihren Freunden funktioniert.

Aber nachdem Sie die Demonstrieren abgeschlossen haben, sagen Sie, dass Hellseher so funktionieren. Und dass, obwohl es mystisch aussieht, darin keine Mystik steckt. Aber Sie werden Ihre Geheimnisse immer noch nicht teilen. Und wie Sie wissen, geben Zauberer ihre

Geheimnisse nicht preis... mit seltenen Ausnahmen.

Im Extrakapitel habe ich einige Demos zu Mentalismus-Effekten für Sie zusammengestellt, die leicht zu beherrschen sind, da sie nicht viel Training in speziellen Fähigkeiten erfordern.

Die Prophezeiung. Variante 1

Demonstrieren

Mentalist: "Es ist theoretisch unmöglich, die Zukunft vorherzusagen. Mindestens zwei Faktoren stören dabei: Zufall und freier Wille einer Person. Aber Hellseher und Mentalisten tun es immer noch. Ich schlage vor, ein mystisches Experiment durchzuführen. Hier werde ich drei Dinge posten (Option: Karten). Und ich brauche einen Assistenten".

Assistent ist ausgewählt. Handelt es sich um einen Fremden, wird eine grundlegende Verbindung zu ihm hergestellt: Es wird nach dem Namen gefragt, hat er mystische Fähigkeiten oder jemand in seiner Familie, glaubt er an die Fähigkeit, die Zukunft vorhersagen zu können...

Mentalist: "Jetzt werde ich auf diesem Zettel eine Vorhersage aufschreiben, damit sie noch niemand sehen kann. Jetzt falte ich das Blatt mehrfach und schicke es zur Aufbewahrung in diesen Umschlag, der die ganze Zeit vor Ihnen liegen wird (Option: Sie können die Aufbewahrung des Blattes einer anwesenden Person anvertrauen)".

Der Mentalist schreibt die Vorhersage auf und tut, was er versprochen hat.

"Ich bitte unsere Versuchsperson nun, eines der drei Dinge zu nehmen, die ich zuvor hier gepostet habe. (Subjekt hebt Gegenstand auf.) Großartig! Ist das Ihre freie Wahl? Sie können die Lösung ändern, wenn Sie möchten, und sie so lassen, wie sie ist, wenn Sie dies nicht möchten. (Die Versuchsperson handelt, wie es ihr gefällt.) Also haben wir in Übereinstimmung mit den Bedingungen der Hypothese den Faktor des freien Willens in unser Experiment einbezogen. Nun bleibt noch ein Zufallsfaktor einzuführen. Bitte nehmen Sie eine Münze. Die Vorderseite entspricht dem X-Element von denen auf dem Tisch, und die Rückseite entspricht dem Y-Element.Wirf eine Münze und zeige uns, ob es die Vorder- oder die Rückseite ist".

Das Subjekt folgt den Anweisungen.

"Wir haben die gebräuchlichste Münze ohne Geheimnisse verwendet. Auf diese Weise haben wir Zufälligkeit in unser Experiment eingeführt. Und davor hat unser Thema eine freie Wahl getroffen. Damit haben wir beide Faktoren aktiviert, die eine Vorhersage der Zukunft erschweren. Ich möchte Sie jedoch bitten, ein Blatt Papier mit meiner Vorhersage zu öffnen, laut vorzulesen und den Anwesenden zu zeigen, was dort geschrieben steht".

Jemand aus dem Publikum öffnet die Vorhersage. Zum Erstaunen aller stellt sich heraus, dass es absolut genau ist.

Technik

Das Geheimnis der Illusion ist, dass der Mentalist die Regeln nicht vorher erklärt. Dies erlaubt ihm in jedem Fall, so zu tun, als wäre es so beabsichtigt. Tatsächlich hat der Darsteller mehrere Möglichkeiten zu reagieren, je nachdem, wie sich die Ereignisse entwickeln. Im obigen Text habe ich die idealste Option beschrieben. Hier beschreiben wir die Reaktionen auf alle möglichen Ergebnisse von Ereignissen.

Option 1. Bei der ersten Wahl wählt das Subjekt das vorhergesagte Item.

Reaktion. Je nach Szenario gibt der Mentalist an, ob dies eine freie Wahl ist und ob der Proband seine Meinung ändern möchte. Wenn nicht, wird lediglich betont, dass die Wahl frei war. Dann bittet er darum, die Prophezeiung zu lesen.

Option 2. Wenn die Testperson beim ersten Versuch einen unvorhergesehenen Gegenstand auswählt, schlägt der Mentalist vor, mithilfe einer Münze ein Zufallselement in das Experiment einzuführen.

A. Für den Fall, dass die Seite der Münze, die dem vorhergesagten Gegenstand entspricht, herausfällt, handelt der Mentalist wie im Text der Demonstrieren beschrieben. Das heißt, es gibt vor, dass die Münze gemäß den Regeln des Experiments auf das vorhergesagte Objekt hätte zeigen sollen.

B. Wenn die Seite der Münze auftaucht, die nicht mit dem vorhergesagten Objekt übereinstimmt, sagt der Mentalist: "Nun, wir haben eine gewöhnliche Münze verwendet und ein reines Zufallselement in das Experiment eingeführt. Legen Sie den fallengelassenen Gegenstand auf den, den Sie selbst ausgewählt haben".

Der Mentalist wiederholt wie in einer Demonstrieren, dass beide Faktoren beteiligt waren, was Vorhersagen unmöglich macht, und schlägt vor, seine Vorhersage "trotzdem" zu lesen. Das heißt, es gibt vor, dass ein Objekt vorhergesagt wurde, das weder vom Subjekt noch von der Münze ausgewählt wurde. Mit anderen Worten, es entsteht der Eindruck, dass er damit gerechnet hat, dass die unvorhergesehenen Objekte durch den freien Willen einer Person und das Werfen einer Münze entfernt würden.

Die Prophezeiung. Variante 2

Demonstrieren

Der Mentalist lässt dem Betrachter eine von drei Karten zur Auswahl. Zum Beispiel die Herzdame, das Pik-Ass und der König der Tamburine. Der Betrachter wählt eine davon aus. Der Mentalist zeigt eine vorher aufgezeichnete Vorhersage, die sich bewahrheitet hat.

Technik

Drei Vorhersagen werden im Voraus vorbereitet. Jede entspricht einer der Karten. Vorhersagen werden an verschiedenen Stellen platziert. Hat sich der Betrachter beispielsweise für die Herzdame entschieden, zeigt der Mentalist die Inschrift auf der Innenseite des Deckels der Schachtel unter dem Kartenspiel hervor: 'D' und die Zeichnung der Farbe in Form eines Herzens. Wählt der Betrachter das Pik-Ass, dann zeigt der Mentalist, dass auf der Außenseite der Schachtel eine Inschrift war: 'Ass' und das Zeichen der Pik-Farbe. Wenn der Karo-König gewählt wird, bittet der Mentalist darum, die Karte umzudrehen. Die Karte ist mit einem Kreuz auf dem Shirt gekennzeichnet!

Bei der Durchführung müssen Sie sicherstellen, dass der Betrachter die Karten nur von vorne sieht, und wenn sich die Schachtel in der Hand des Mentalisten befindet, ist die Seite der Schachtel mit der Vorhersage mit Ihrer Handfläche bedeckt. Die Box muss so auf den Tisch gestellt werden, dass die Vorhersage nicht sichtbar ist.

Der Trank des Glücks

Demonstrieren

Der Mentalist erfüllt eine Person mit der Energie des Glücks. Oder bietet an, einen Glückstrank zu trinken. Oder bietet an, ein Amulett anzulegen, das Glück bringt. Sie können damit beginnen, dass Sie berichten, dass Psychologen herausgefunden haben, dass Glück von der psychologischen Stimmung einer Person abhängt. Wir können zum Beispiel über das Experiment von Richard Wiseman sprechen. Sagen Sie dann (je nach gewählter Präsentationsmethode), dass etwas Wahres in der Fähigkeit steckt, einen Glückstrank herzustellen, wie in Harry Potter, oder in der Fähigkeit, ein Amulett herzustellen, das Glück bringt, oder in der Fähigkeit, einen zu füllen Person mit der Energie des Glücks. Als nächstes schenkt der Mentalist dem Freiwilligen auf die gewählte Weise Glück und bietet an, experimentell zu testen, ob es funktioniert hat.

Der Mentalist zieht ein rohes Ei und drei identische Pappdeckel. Als sich der Freiwillige abwendet, versteckt der Mentalist das Ei unter einem der Deckel. Er bittet einen Freiwilligen, auf zwei beliebige Deckel hinzuweisen. Und dann schlagen Sie jeden von ihnen mit Ihrer Faust. Mit etwas Glück bleibt das Ei intakt. Der Freiwillige schlägt mit der Faust auf beide Deckel. Sie können erleichtert aufatmen — unter der Decke war nichts. Das Ei wurde unter einem Deckel gelassen, den der Freiwillige nicht gewählt hatte. Der Zauber hat funktioniert!

Technik

Der Mentalist merkt sich, unter welcher Deckel das Ei ist. Und reagiert je nach Wahl des Freiwilligen. Immer damit er nicht auf die Deckel trifft, die das Ei verbirgt.

Wenn der Freiwillige zwei Deckel auswählt, die kein Ei darunter haben, dann schlägt der Mentalist vor, jede dieser beiden Deckel zu treffen. Das heißt, es funktioniert wie oben beschrieben. Aber wenn es unter den vom Freiwilligen ausgewählten Deckel eine gibt, die das Ei versteckt, bittet der Mentalist, die nicht ausgewählte Deckel zu treffen. Und es sieht so aus, als hätte es sein sollen.

Wenn es Ihnen nichts ausmacht, können Sie anstelle von Pappdeckeln Porzellan- oder Tonbecher verwenden. In diesem Fall wird empfohlen, sie mit einem Hammer zu brechen. Damit das Ei beim Trick nicht exakt nach unten rollt und sich nicht verschenkt, kannst du es mit doppelseitigem Klebeband am Tisch befestigen.

Lesen von persönlicher Energie

Demonstrieren

The Mentalist: "Es gibt einen Glauben an die Hellseher, dass jeder Mensch eine absolut einzigartige Energie hat. Tatsächlich könnte Energie-Fingerprinting anstelle von Fingerprinting verwendet werden. Darüber hinaus bleibt diese Energie auf jedem Objekt, das eine Person berührt hat. Dies kann mit einem sehr einfachen Experiment demonstriert werden. Ich brauche zwei Assistenten für ihn".

Aus dem Publikum werden zwei Themen ausgewählt. Der Mentalist zeigt ein Kartenspiel und bietet an, zu mischen und zu überprüfen, ob es keine Tricks gibt. Dann werden Anweisungen gegeben.

"Jetzt gebe ich Ihnen fünf Karten. Und weiter, damit bei uns alles gut geht, bitte ich Sie, sich strikt an meine Weisungen zu halten. Wenn Sie diese Karten erhalten, besteht Ihre Aufgabe darin, sie richtig mit Ihrer Energie zu füttern. Dazu müssen sie fest an den Körper gedrückt werden. Am besten in die Hosentasche stecken und mit der Hand draufdrücken. (Demonstriert an sich selbst: Steckt das Deck in seine Tasche und drückt mit der Hand auf die Tasche.) Wenn keine Tasche vorhanden ist, dann drücken Sie die Karten einfach mit der Handfläche fest an den Körper. (Er holt Karten aus seiner Tasche und zeigt zum Beispiel, wie man sie an seine Brust drückt.) In diesem Fall müssen Sie in Gedanken bis zwanzig zählen. Sag mir, wenn du fertig bist. An diesem Punkt werden mir die Augen verbunden und ich kehre dir den Rücken zu. Wenn du bereit bist, sage ich dir, was als nächstes zu tun ist".

Jeder Freiwillige erhält fünf Karten. Der Mentalist tritt dann weit genug zurück, um mit dem Rücken zu ihnen zu stehen. Nachdem die Versuchspersonen den Anweisungen gefolgt sind und dies gesagt haben, fährt der Mentalist fort.

"Ich stehe mit dem Rücken zu euch beiden, mit verbundenen Augen, und ich kann nicht sehen, was ihr beide tut. Und Sie müssen Folgendes tun. Nehmen Sie zu Beginn eine Karte aus Ihrem Stapel und geben Sie sie an eine andere weiter. Legen Sie dann beide Decks in beliebiger Reihenfolge hinter mir auf den Tisch, ohne jedoch ihre Integrität zu stören. Als Ergebnis sollten zwei Stapel auf dem Tisch liegen: Jeder von ihnen sollte vier Karten aus Ihren Decks und eine Karte aus dem Deck eines anderen Freiwilligen enthalten. Wenn beide fertig sind, lass es mich wissen".

Wenn alle Anweisungen erfüllt sind, nähert sich der Mentalist dem Tisch, liest die Energie von den Probanden, dann von den Karten ab und benennt nicht nur eindeutig, welches Deck jeder der Freiwilligen hatte, sondern errät auch, welche Karten die Assistenten ausgetauscht haben.

The Mentalist: "Danke euch beiden für eure Hilfe. Sieht so aus, als ob unser Experiment ein Erfolg war. Wir waren in der Lage, die Energie-"Fingerabdrücke" zu lesen und eine genaue Identifizierung vorzunehmen".

Technik

Der Mentalist steckt im Voraus fünf auswendig gelernte Karten in die Tasche. Er steckt das Deck in seine Tasche, um zu zeigen, wie man die Karten richtig mit persönlicher Energie auflädt. An diesem Punkt werden die auswendig gelernten Karten oben auf das Deck gelegt. Jetzt weiß der Mentalist genau, welche Karten das Subjekt hat, dem er zuerst fünf Karten gegeben hat. Wenn er einzelne Stapel aus dem Tisch auswählt, bestimmt er aus den vier nicht getauschten Karten, welcher Stapel dem ersten Freiwilligen gehörte. Und diese Karte darin, die nicht zu den zuvor auswendig gelernten gehörte, ist eine Karte, die durch Austausch aus dem Stapel des zweiten Freiwilligen kam.

Das Deck des zweiten Freiwilligen ist nicht weniger leicht durch die einzige Karte zu identifizieren, die zu den zuvor auswendig gelernten gehörte. Sie war diejenige, die im Austausch gegen eine weitere Freiwilligenkarte hierher kam.

Sie können die Wirkung dieses Tricks verstärken, wenn Sie bei jedem der Freiwilligen eine kurze psychische Messung vornehmen können, während Sie so tun, als würden Sie ihre individuelle Energie scannen. Verwenden Sie dazu die Techniken aus den drei ersten Kapiteln des Buches.

Energiemanagement "Qi"

Demonstrieren

Mentalist: "Im Osten wird die Energie des menschlichen Lebens "Qi" oder "Chi" genann. Es gibt viele Praktiken, diese Energie zu manipulieren, um verschiedene Effekte zu erzielen. Zum Beispiel werden Qi Gong-Übungen verwendet, um die Gesundheit zu verbessern und ein langes Leben zu erreichen. Und die Meister des berühmten Shaolin-Klosters lernten, "Qi" zu verwenden, um den Feind zu besiegen. Dazu konzentrieren sie es auf ein beliebiges Fach. Dann kann sogar ein weiches, flexibles Objekt aufgrund der Konzentration von "Qi" sehr traumatisch sein. Es war einmal in der Antike, als die Mandschus einen Teil Chinas eroberten und die einheimischen Männer zwangen, sich den Kopf zu rasieren und den traditionellen Mandschu-Bian-Fa-Zopf als Zeichen der Loyalität zu tragen. Sie sagen, dass die chinesischen Kampfkünstler damals lernten, Bian-Fa in eine vernichtende Waffe zu verwandeln, indem sie "Qi" in ihren Haaren konzentrierten. Natürlich habe ich nicht in Shaolin gelebt und kenne die Techniken chinesischer Meister nicht. Aber ich kann wahrscheinlich "Qi" in einem kleinen Objekt konzentrieren. Dazu bitte ich jemanden, mir einen Geldschein zu leihen, damit kein Verdacht besteht, dass ich irgendwelche speziellen Requisiten verwende".

Der Mentalist nimmt jemandem eine Banknote ab. Dann nimmt er einen ganzen Holzbleistift heraus. Ermöglicht es den Zuschauern, es zu untersuchen und sicherzustellen, dass es keine Tricks gibt. Dann legt er einen Holzbleistift zwischen zwei parallele Stützen (z. B. Bücherstapel, umgestürzte Biergläser, gleich hohe Stuhllehnen etc.). Schließlich schlägt der Mentalist mit einem Banknote in die Mitte des Holzbleistift, und er bricht in zwei Teile!

Technik

Damit der Trick gelingt, muss der richtige Winkel gewählt werden: Der Mentalist muss seitlich zum Publikum stehen. Die Banknote sollte zwischen Daumen und gebeugtem Zeigefinger eingeklemmt werden. Das Publikum sollte es von der Seite des Daumens sehen. Der Zeigefinger sollte hinter der Banknote verborgen sein. Das ganze Geheimnis ist, dass der Mentalist in dem Moment, in dem der Mentalist mit einem Geldschein auf den Holzbleistift schlägt, schnell seinen Zeigefinger streckt. Es ist also wirklich der Holzbleistift, der den Finger bricht, nicht der Geldschein. Unmittelbar nach dem Aufprall wird der Zeigefinger wieder in seine ursprüngliche Position gebogen. Aufgrund der Geschwindigkeit des Geschehens und der Banknote, die den Finger bedeckt, hat das Publikum keine Zeit, die Tricks zu sehen.

WICHTIG. Der Holzbleistift wird so nah wie möglich an seinen Rändern auf Stützen gelegt. Sie müssen auf die Mitte des Holzbleistift zielen. Der Holzbleistift sollte ganz oder leicht gekritzelt sein. Je kürzer der Holzbleistift, desto mehr Kraft müssen Sie aufwenden, um ihn zu brechen. Dadurch steigt das Verletzungsrisiko. Anstelle eines Holzbleistift können Sie ungefähr gleich dicke Holzgegenstände verwenden (so lang wie ein normaler Holzbleistift oder länger). Allerdings von einem trockenen Baum spröder Arten. Versuchen Sie NIEMALS Bambusstäbchen mit dem Finger zu zerbrechen! Dafür ist Bambus zu hart und belastbar. Bambus ist übrigens kein

Baum, sondern eine krautige Pflanze aus der Familie der Getreidegewächse.

Übe, bevor du den Trick dem Publikum zeigst. Üben Sie zunächst, Ihren Zeigefinger schnell auszustrecken und ihn in seine ursprüngliche Position zurückzubringen. Machen Sie sowohl während des Trainings als auch während der Demonstrieren zunächst einige "zielende" vorbereitende Bewegungen von oben nach unten und dann einen kräftigen Schlag mit dem nach vorne geworfenen Zeigefinger.

Telepathie aus der Asche

Demonstrieren

Mentalist: "Ich wollte schon lange wissen, wie viel Wahrheit in den Geschichten über Gedankenlesen, über Telepathie steckt. Ich habe dazu viel widersprüchliche Literatur gelesen. Einige behaupten, sie hätten Telepathie experimentell bewiesen, andere kritisieren das Design dieser Experimente und sagen, dass nichts als Betrug hinter Telepathie steckt. Am zuverlässigsten wäre es, zu lernen, die Gedanken anderer selbst zu lesen und dann sicherzustellen, dass Telepathie Realität ist. Aber bisher beherrsche ich die Methoden nicht, die es mir ermöglichen würden, Informationen von einer anderen Person direkt von Gehirn zu Gehirn zu erhalten. Aber ich fing an, mit Hilfe von Hilfstechniken etwas zu bekommen. Lassen Sie mich Ihnen einen davon zeigen. Ich brauche einen Assistenten".

Aus dem Publikum wird ein Assistent ausgewählt. Der Mentalist gibt ihm ein kleines Stück Papier mit einem umrissenen Kreis in der Mitte.

Mentalist: "Da ich nur ein Anfänger-Telepath bin, werde ich Sie bitten, eine einfache geometrische Figur in einem Kreis auf ein Blatt Papier zu schreiben. Dann sollten Sie sich etwa 10 Sekunden lang auf den Kreis und die Form darin konzentrieren. Die ganze Zeit werde ich mit dem Rücken zu dir stehen. Wenn Sie mit dem Zählen von zehn Sekunden fertig sind, falten Sie das Papier entlang der Faltlinien, wie es gefaltet wurde, und sagen Sie mir, dass Sie fertig sind".

Wenn der Proband die Anweisung beendet hat, dreht sich der Mentalist zu ihm um, bittet ihn, ihm das gefaltete Stück Papier zu reichen und sagt:

"Tatsache ist, dass die Bilder, die wir aufnehmen, eine immaterielle Energie haben, die noch einige Zeit anhält, selbst nachdem wir den Träger zerstört haben".

Der Mentalist beginnt, das Papier in kleine Stücke zu zerreißen und bittet gleichzeitig um Hilfe, um einen Aschenbecher aufzustellen und Streichhölzer oder ein Feuerzeug zu finden. Dann wirft er zerrissene Papierstücke in einen Aschenbecher und zündet ihn an. Der Mentalist bittet den Probanden, die Asche im Aschenbecher sorgfältig zu betrachten, um sich einen Kreis darauf und innerhalb des Kreises die Figur vorzustellen, die er gezeichnet hat.

Dann "scannt" er die Asche mit der Handfläche einer Hand. Er nimmt das Notizbuch in die Hand und zeichnet genau das, was auf dem zerstörten Blatt Papier war.

Technik

Auch dieser Trick erfordert etwas Übung zu Hause. Aber er braucht kein langes Training. Trick wird ein quadratischer Rohling mit einem eingeschriebenen Kreis in der Mitte verwendet. Nicht zu klein, um bequem zu passen, aber auch nicht zu groß. Jetzt werden Sie verstehen, warum.

Das Papierquadrat wird halb und halb vorgefaltet, sodass der Kreis darin verborgen ist. Dies ist notwendig, damit der Freiwillige es wieder richtig falten kann.

Wenn der Mentalist ein gefaltetes Stück Papier von der Versuchsperson zum Zerreißen nimmt, hält er es mit seiner linken Hand (wenn er Rechtshänder ist) an der Ecke, wo sich alle Faltlinien zwischen Daumen und Zeigefinger schneiden. Diese Ecke ist oben links, wenn Sie geradeaus auf das Blatt Papier schauen. Mit der rechten Hand wird das Papier von oben nach unten zerrissen. Dann dreht der Mentalist die resultierenden Papierstreifen horizontal. Das linke Blatt Papier, auf dem sich der vom Mentalisten geforderte Winkel befindet, steigt mit der Unterkante nach oben. Der gewünschte Winkel ist wieder zwischen Daumen und Zeigefinger verborgen. Der zweite zerrissene Streifen, der rechts war, entfaltet sich ebenfalls horizontal und wird im gewünschten Winkel vor den Streifen gelegt, um ihn vor dem Publikum abzudecken. Beide Streifen werden wieder in zwei Hälften gerissen. Aber wenn der Mentalist die resultierenden Stücke auf die rechte Hand überträgt, lässt er die geschätzte Ecke unmerklich in der linken Hand. Es kann zwischen der Basis und dem zweiten Fingerglied des Mittelfingers eingeklemmt werden. Gleichzeitig befindet sich die Handfläche in einer halbgebeugten, wie in einer natürlichen, entspannten Position.

Egal wie der Mentalist das Blatt zerreißt, er muss heimlich eine Ecke Papier in der Hand halten. Wenn ein Mentalist ein Notizbuch nimmt, um eine Inschrift "in Asche verwandelt" zu reproduzieren, schaut er heimlich auf das, was in der Ecke des Papiers gezeichnet ist. Danach kannst du die Papierecke in deiner Tasche verstecken. Zum Beispiel, wenn du einen Bleistift in deine Tasche zurückbringst.

Wie Sie sich vorstellen können, sorgt der Kreis in der Mitte des Blattes dafür, dass sich die Figur genau an der Stelle der Falte befindet, die der Illusionist zum Gucken versteckt. Jetzt müssen Sie nur noch die Kunstfertigkeit einschalten und die Asche mit der Hand scannen, um die Energie des von den Testpersonen gezeichneten Bildes effektiv zu absorbieren.

Telepathie. Figuren in Gedanken

Demonstrieren

Der Mentalist fordert den Freiwilligen auf, über zwei geometrische Formen nachzudenken. Nach einer telepathischen Lesung nennt der Magier genau das, was der Freiwillige in seiner Phantasie gezeichnet hat.

Technik

Der Mentalist bittet den Freiwilligen, an eine einfache (!) Figur zu denken, die wie ein Quadrat aussieht, aber kein Quadrat. Während dieser Worte faltet der Mentalist seine Hände so, dass sie einem Dreieck ähneln, oder zeichnet schnell, kaum merklich, ein Dreieck in die Luft. Sie können auch ein Bild eines Dreiecks auf Kleidung oder in einer Umgebung in der Nähe haben. Aber damit es natürlich wirkt, nicht aufdringlich. Da der Mentalist das Quadrat in der Anleitung ausklammerte, blieben Dreieck, Raute und Rechteck von den einfachen Formen, die einem schnell in den Sinn kommen. Kaum sichtbare Hinweise sollten den Freiwilligen dazu bringen, über das Dreieck nachzudenken.

Dann bittet der Mentalist darum, die konzipierte Figur mit einer anderen einfachen Figur zu umgeben. Als Ergebnis sollte sich herausstellen, dass eine Figur in eine andere eingeschrieben ist. Mit den Worten "...umgeben Sie die geplante Figur.." macht der Mentalist schnell und unauffällig eine Handbewegung in der Luft, die einem Kreis ähnelt. Dies wird dem Freiwilligen die Idee eines Kreises vermitteln.

Wenn alles richtig gemacht ist, wird in der Vorstellung des Freiwilligen ein Dreieck in einen Kreis eingeschrieben sein. Dem Mentalisten bleibt nur noch, mit schauspielerischem Talent dieses Bild dramatisch im Kopf des Freiwilligen zu lesen.

Für den zuverlässigen Erfolg dieser Nummer ist es wichtig, sie in einem zügigen Tempo zu führen. Damit der Freiwillige keine Zeit hat, sich etwas einfallen zu lassen, anstatt das erste, was ihm in den Sinn kommt, oder zu erkennen, dass Sie unbewusste Hinweise geben. Es ist am besten, diese Demo als Zwischendemonstration vor der Hauptsendung zu machen. Sagen Sie zum Beispiel vor einem anderen Effekt, dass Sie zuerst versuchen werden, sich schnell auf einen

Freiwilligen einzustellen. Auch wenn also mal etwas nicht klappt, dann werden Sie wiederholen, dass Sie gerade versucht haben, sich einzustimmen, und jetzt wissen Sie, in welche Richtung Sie die Einstellung anpassen müssen. Zeigen Sie dann einfach einen weiteren Effekt mit garantiertem Ergebnis.

Wolkenstreuung

Demonstrieren

Mentalist: "Weißt du, verschiedene Kulturen und Völker hatten viele Rituale, um das Wetter zu kontrollieren. Aber ungeachtet äußerer Formen liegt die Essenz von allen unter der Kontrolle einer besonderen Kraft, die die Melanesier Mana nennen. Unter verschiedenen Namen ist es verschiedenen Völkern auf verschiedenen Kontinenten bekannt. So nannten die Irokesen Nordamerikas sie Orenda, und der Pongwe-Stamm in Afrika nennt sie Eki. Tatsächlich durchdringt Mana den gesamten Raum und jeder Mensch kann mit gebührender Sorgfalt und Übung lernen, es zumindest ein wenig zu kontrollieren. Ich bin sicherlich kein Pongwe-Priester. Aber mit Hilfe von mentaler Konzentration und einem magischen Symbol kann ich versuchen, etwas in Bezug auf die Kontrolle des Wetters zu demonstrieren. Siehst du die einsame Wolke da drüben am Himmel? Versuchen wir nun, den Prozess seiner Auflösung einzuleiten".

Der Mentalist zeichnet ein mysteriöses Symbol auf den Boden oder in die Luft. Oder führt ein anderes Ritual durch, das ihm am geeignetsten erscheint. Sitzt im Lotussitz oder auf andere bequeme Weise und tut so, als würde er sich konzentrieren. Von Zeit zu Zeit blickt er auf die Wolke und fordert das Publikum auf, geduldig zu sein. Nach einigen Minuten löst sich die Wolke auf.

Technik

Es gibt keine spezielle Technik in dieser Demo. Sie beruht darauf, dass sich die meisten einsamen Zirruswolken bereits im Prozess der Auflösung befinden. Die Hauptsache ist zu lernen, Cirruswolken, die rauere und intermittierendere Formen haben, die etwas an Vogelfedern erinnern, von Kumuluswolken zu unterscheiden, die runder sind und an Watte oder Schafwolle erinnern. Die Demonstrieren funktioniert besonders gut bei klarem Wetter, wenn ein paar einsame kleine Wolken am Himmel zu sehen sind. Je kleiner die Wolke, desto schneller werden Sie sie auflösen.

Eine weitere Möglichkeit, "das Wetter zu beeinflussen", ist die Nutzung von

Onlinediensten, die das Wetter in Echtzeit anzeigen. Auf ihnen können Sie den Beginn oder das Ende des Niederschlags mit einer Genauigkeit von bis zu einer Stunde sehen. Der Mentalist kann kurz vor dem Zeitpunkt, zu dem die Online-Karte Niederschlagsbeginn oder -ende vorhersagt, ein Ritual für einen entsprechenden Wetterwechsel durchführen.

Demonstrieren

Der Mentalist lädt den Freiwilligen ein, an der Geschichte teilzunehmen. Er erzählt die Geschichte, deren Einzelheiten er selbst zusammenstellen kann. Aber die Hauptlinie ist, dass der kinderlose König stirbt. Und das Königreich bleibt ohne Thronfolger zurück. Ein alter Freund und Berater des Königs erinnerte sich jedoch daran, dass der König irgendwo einen unehelichen Sohn hatte. Aber niemand weiß, wie er heißt und wo er jetzt ist. Im ganzen Königreich wurde eine Ankündigung gemacht, dass der Sohn des Königs selbst in den Palast kommen sollte. Aber es kam nicht ein junger Mann, sondern drei. Nur einer von ihnen ist der wahre Erbe, und die anderen beiden sind Betrüger. Um herauszufinden, wer der wahre Sohn des Königs ist, braute der Hofzauberer einen Trank der Intuition. Er gab seinem Schüler den Trank zu trinken. Damit der Trank funktioniert, müssen Sie über einige magische Fähigkeiten verfügen. Wenn also der Schüler des Zauberers fleißig mit dem Zauberer studiert hat, wird er genau bestimmen, welcher der drei der wahre Erbe ist.

Die Rolle des Zauberschülers wird von einem Freiwilligen gespielt. Der Mentalist gibt dem Freiwilligen einen Schluck Intuitionstrank und überreicht ihm eine Pappkrone. Vor dem Freiwilligen liegen identische Karten mit Zahlen: "1", "2" und "3". Der Mentalist fordert den Freiwilligen auf, sich vorzustellen, dass er einen prächtigen, schicken, reich ausgestatteten, geräumigen barocken Thronsaal betreten hat. Vor ihm steht ein goldener Thron, geschmückt mit goldenen Mustern, die abgerundete Triebe, Blätter und Blüten von Pflanzen darstellen, die ihn mit glatten Linien umschlingen. Beim Betrachten dieses Thrones und des prächtigen Barocksaals sollte sich der Schüler seiner Intuition zuwenden und sich vorstellen, welche Zahl – 1, 2 oder 3 – in diesem Saal und auf diesem Thron natürlicher wirkt. Er muss die Krone auf die Karte mit dieser Zahl setzen.

Nachdem der Student entschieden hat, wer gekrönt werden soll, erzählt der Mentalist die Geschichte weiter. "Die Adligen beschlossen, den jungen Mann zu krönen, auf den ein Jünger des Hofmagiers hinwies. Doch bevor das Krönungsbankett endete, betrat der alte Archivar den Thronsaal. Er sagte, er habe im Archiv eine Geheimabteilung gefunden. Und in dieser Abteilung gab es Dokumente darüber, wer der wahre Erbe des verstorbenen Königs war. Jetzt ist es an der Zeit zu überprüfen, wie fleißig der Zauberlehrling war und ob der Trank der Intuition gewirkt hat. Oder wurde vielleicht wegen eines Zauberlehrlings ein Betrüger gekrönt?" — sagt der Mentalist. Dann werden die nicht gekrönten Karten der Reihe nach umgedreht. Auf der Rückseite jedes von ihnen steht: "Scammer". Die gekrönte Karte wird zuletzt umgedreht. Darauf steht die Inschrift: "Heir". Juhu! Das Königreich wurde von einem echten Erben geleitet. Wir können weiter feiern!

Technik

Die Wirkung beruht darauf, dass bestimmte Zahlen bestimmte Assoziationen hervorrufen. Von den Zahlen "1", "2" und "3" wird die Zahl "3" am ehesten mit Luxus, Geräumigkeit und runden Formen des Barockstils in Verbindung gebracht. Daher ist es sehr wichtig, dass der Mentalist die Vorstellungskraft des Freiwilligen anregt und diese Merkmale des Thronsaals und des Throns im Detail beschreibt.

Außerdem hat die Kartonkrone drei Zähne. Auch diese Form inspiriert den Gedanken an Ziffer 3.

Wenn alle Bedingungen erfüllt sind, wird der Freiwillige den Thronfolger genau erraten. Es ist wichtig, dass der Freiwillige entschlossen ist, dem Mentalisten zu helfen, anstatt das Experiment zu sabotieren.

Der Trick wird jedoch in Form einer Geschichte präsentiert, die eine solche Handlung hat, dass selbst im Falle eines Scheiterns die Schuld auf den "Zauberlehrling" abgewälzt wird. Und der Mentalist kann in diesem Fall sagen, dass es ein Spiel war, das die Intuition einer Person testet. Und dass, obwohl die Intuition des Freiwilligen nicht stark war, sie entwickelt werden kann. Darüber hinaus kann der Mentalist vorschlagen, die Stärke seiner entwickelten Intuition zu zeigen und einen anderen Trick durchzuführen, um die Zukunft mit einem glaubwürdigen Ergebnis vorherzusagen.

Wenn die vorherigen Tricks Ausgaben klassischer Verfahren sind, die unter Mentalisten wohlbekannt sind, dann ist der letzte Trick meine eigene Entwicklung. Sein Geheimnis wird hier erstmals veröffentlicht. Wie die Praxis zeigt, kommt dieser Trick sowohl bei Erwachsenen als auch bei Kindern gut an.

Ich hoffe, dass dieses Buch den Lesern hilft, unserer Welt das Lächeln der von einem Wunder verzauberten Zuschauer zu schenken!